PERSONAL INFORMATION

NAME	
PHONE	
EMAIL	
ADDRESS	

LOG BOOK DETAILS

LOG START DATE	
LOG BOOK NUMBER:	|"
NOTES:	

SCRIPT WRITING NOTEBOOK

MON	TUE	WED	THU	FRI	SAT	SUN

DATE: _____ TIME: _____ LOCATION: _____

TITLE: _____
_____

CAST

CHARACTERS

SCENE

SCRIPT WRITING NOTEBOOK

| MON | TUE | WED | THU | FRI | SAT | SUN |

DATE: _____ TIME: _____ LOCATION: _____

TITLE: _____

CAST

_____
_____
_____
_____
_____
_____
_____
_____

CHARACTERS

_____
_____
_____
_____
_____
_____
_____
_____

SCENE

_____
_____
_____
_____
_____
_____
_____
_____

SCRIPT WRITING NOTEBOOK

| MON | TUE | WED | THU | FRI | SAT | SUN |

DATE: _____ TIME: _____ LOCATION: _____

TITLE: _____

CAST

CHARACTERS

SCENE

SCRIPT WRITING NOTEBOOK

| MON | TUE | WED | THU | FRI | SAT | SUN |

DATE: _____ TIME: _____ LOCATION: _____

TITLE: _____

CAST

_____
_____
_____
_____
_____
_____
_____
_____
_____

CHARACTERS

_____
_____
_____
_____
_____
_____
_____
_____
_____

SCENE

_____
_____
_____
_____
_____
_____
_____
_____
_____

SCRIPT WRITING NOTEBOOK

| MON | TUE | WED | THU | FRI | SAT | SUN |

DATE: _____ TIME: _____ LOCATION: _____

TITLE: _____

CAST

_____
_____
_____
_____
_____
_____
_____

CHARACTERS

_____
_____
_____
_____
_____
_____
_____

SCENE

_____
_____
_____
_____
_____
_____
_____
_____
_____

SCRIPT WRITING NOTEBOOK

MON	TUE	WED	THU	FRI	SAT	SUN

DATE: _____ TIME: _____ LOCATION: _____

TITLE: _____

CAST

CHARACTERS

SCENE

SCRIPT WRITING NOTEBOOK

| MON | TUE | WED | THU | FRI | SAT | SUN |

DATE: _____ TIME: _____ LOCATION: _____

TITLE: _____

CAST

_____
_____
_____
_____
_____
_____
_____

CHARACTERS

_____
_____
_____
_____
_____
_____
_____

SCENE

_____
_____
_____
_____
_____
_____
_____
_____
_____
_____

SCRIPT WRITING NOTEBOOK

MON	TUE	WED	THU	FRI	SAT	SUN

DATE: _____ TIME: _____ LOCATION: _____

TITLE: _____

CAST

CHARACTERS

SCENE

SCRIPT WRITING NOTEBOOK

| MON | TUE | WED | THU | FRI | SAT | SUN |

DATE: _____ TIME: _____ LOCATION: _____

TITLE: _____

CAST

_____
_____
_____
_____
_____
_____
_____

CHARACTERS

_____
_____
_____
_____
_____
_____
_____

SCENE

_____
_____
_____
_____
_____
_____
_____
_____
_____

SCRIPT WRITING NOTEBOOK

MON	TUE	WED	THU	FRI	SAT	SUN

DATE: _____   TIME: _____   LOCATION: _____

TITLE: _____

CAST

CHARACTERS

SCENE

SCRIPT WRITING NOTEBOOK

| MON | TUE | WED | THU | FRI | SAT | SUN |

DATE: _____ TIME: _____ LOCATION: _____

TITLE: _____

CAST

_____
_____
_____
_____
_____
_____
_____

CHARACTERS

_____
_____
_____
_____
_____
_____
_____

SCENE

_____
_____
_____
_____
_____
_____
_____
_____
_____

SCRIPT WRITING NOTEBOOK

| MON | TUE | WED | THU | FRI | SAT | SUN |

DATE: _____ TIME: _____ LOCATION: _____

TITLE: _____

CAST

_____
_____
_____
_____
_____
_____
_____
_____

CHARACTERS

_____
_____
_____
_____
_____
_____
_____
_____

SCENE

_____
_____
_____
_____
_____
_____
_____
_____
_____

SCRIPT WRITING NOTEBOOK

MON	TUE	WED	THU	FRI	SAT	SUN

DATE: _____ TIME: _____ LOCATION: _____

TITLE: _____

CAST

_____
_____
_____
_____
_____
_____
_____

CHARACTERS

_____
_____
_____
_____
_____
_____
_____

SCENE

_____
_____
_____
_____
_____
_____
_____
_____
_____
_____

SCRIPT WRITING NOTEBOOK

MON	TUE	WED	THU	FRI	SAT	SUN

DATE: _____ TIME: _____ LOCATION: _____

TITLE: _____

CAST

CHARACTERS

SCENE

SCRIPT WRITING NOTEBOOK

| MON | TUE | WED | THU | FRI | SAT | SUN |

DATE: _____   TIME: _____   LOCATION: _____

TITLE: _____

CAST

_____
_____
_____
_____
_____
_____
_____

CHARACTERS

_____
_____
_____
_____
_____
_____
_____

SCENE

_____
_____
_____
_____
_____
_____
_____
_____

SCRIPT WRITING NOTEBOOK

| MON | TUE | WED | THU | FRI | SAT | SUN |

DATE: _____ TIME: _____ LOCATION: _____

TITLE: _____

CAST

CHARACTERS

SCENE

SCRIPT WRITING NOTEBOOK

| MON | TUE | WED | THU | FRI | SAT | SUN |

DATE: _____ TIME: _____ LOCATION: _____

TITLE: _____
_____

CAST

_____
_____
_____
_____
_____
_____
_____

CHARACTERS

_____
_____
_____
_____
_____
_____
_____

SCENE

_____
_____
_____
_____
_____
_____
_____
_____
_____

SCRIPT WRITING NOTEBOOK

| MON | TUE | WED | THU | FRI | SAT | SUN |

DATE: _____ TIME: _____ LOCATION: _____

TITLE: _____

CAST

_____
_____
_____
_____
_____
_____
_____
_____

CHARACTERS

_____
_____
_____
_____
_____
_____
_____
_____

SCENE

_____
_____
_____
_____
_____
_____
_____
_____

SCRIPT WRITING NOTEBOOK

| MON | TUE | WED | THU | FRI | SAT | SUN |

DATE: _____ TIME: _____ LOCATION: _____

TITLE: _____

CAST

_____
_____
_____
_____
_____
_____
_____

CHARACTERS

_____
_____
_____
_____
_____
_____
_____

SCENE

_____
_____
_____
_____
_____
_____
_____
_____
_____

SCRIPT WRITING NOTEBOOK

| MON | TUE | WED | THU | FRI | SAT | SUN |

DATE: _____ TIME: _____ LOCATION: _____

TITLE: _____

CAST

_____
_____
_____
_____
_____
_____
_____
_____

CHARACTERS

_____
_____
_____
_____
_____
_____
_____
_____

SCENE

_____
_____
_____
_____
_____
_____
_____
_____
_____

SCRIPT WRITING NOTEBOOK

| MON | TUE | WED | THU | FRI | SAT | SUN |

DATE: _____ TIME: _____ LOCATION: _____

TITLE: _____

CAST

CHARACTERS

SCENE

SCRIPT WRITING NOTEBOOK

| MON | TUE | WED | THU | FRI | SAT | SUN |

DATE: _____ TIME: _____ LOCATION: _____

TITLE: _____

CAST

_____
_____
_____
_____
_____
_____
_____
_____
_____

CHARACTERS

_____
_____
_____
_____
_____
_____
_____
_____
_____

SCENE

_____
_____
_____
_____
_____
_____
_____
_____
_____
_____

SCRIPT WRITING NOTEBOOK

| MON | TUE | WED | THU | FRI | SAT | SUN |

DATE: _____ TIME: _____ LOCATION: _____

TITLE: _____

CAST

_____
_____
_____
_____
_____
_____
_____

CHARACTERS

_____
_____
_____
_____
_____
_____
_____

SCENE

_____
_____
_____
_____
_____
_____
_____
_____

SCRIPT WRITING NOTEBOOK

| MON | TUE | WED | THU | FRI | SAT | SUN |

DATE: _____ TIME: _____ LOCATION: _____

TITLE: _____

CAST

CHARACTERS

SCENE

SCRIPT WRITING NOTEBOOK

| MON | TUE | WED | THU | FRI | SAT | SUN |

DATE: _____ TIME: _____ LOCATION: _____

TITLE: _____

CAST

_____
_____
_____
_____
_____
_____
_____
_____

CHARACTERS

_____
_____
_____
_____
_____
_____
_____
_____

SCENE

_____
_____
_____
_____
_____
_____
_____
_____
_____

SCRIPT WRITING NOTEBOOK

| MON | TUE | WED | THU | FRI | SAT | SUN |

DATE: _____ TIME: _____ LOCATION: _____

TITLE: _____

CAST

_____
_____
_____
_____
_____
_____
_____

CHARACTERS

_____
_____
_____
_____
_____
_____
_____

SCENE

_____
_____
_____
_____
_____
_____
_____
_____

SCRIPT WRITING NOTEBOOK

| MON | TUE | WED | THU | FRI | SAT | SUN |

DATE: _____ TIME: _____ LOCATION: _____

TITLE: _____

CAST

_____
_____
_____
_____
_____
_____
_____

CHARACTERS

_____
_____
_____
_____
_____
_____
_____

SCENE

_____
_____
_____
_____
_____
_____
_____
_____

SCRIPT WRITING NOTEBOOK

| MON | TUE | WED | THU | FRI | SAT | SUN |

DATE: _____ TIME: _____ LOCATION: _____

TITLE: _____

CAST

CHARACTERS

SCENE

SCRIPT WRITING NOTEBOOK

| MON | TUE | WED | THU | FRI | SAT | SUN |

DATE: _____ TIME: _____ LOCATION: _____

TITLE: _____

CAST

CHARACTERS

SCENE

SCRIPT WRITING NOTEBOOK

| MON | TUE | WED | THU | FRI | SAT | SUN |

DATE: _____ TIME: _____ LOCATION: _____

TITLE: _____

CAST

CHARACTERS

SCENE

SCRIPT WRITING NOTEBOOK

MON	TUE	WED	THU	FRI	SAT	SUN

DATE: _____ TIME: _____ LOCATION: _____

TITLE: _____

CAST

CHARACTERS

SCENE

SCRIPT WRITING NOTEBOOK

| MON | TUE | WED | THU | FRI | SAT | SUN |

DATE: _____ TIME: _____ LOCATION: _____

TITLE: _____

CAST

_____
_____
_____
_____
_____
_____
_____
_____

CHARACTERS

_____
_____
_____
_____
_____
_____
_____
_____

SCENE

_____
_____
_____
_____
_____
_____
_____
_____
_____
_____

SCRIPT WRITING NOTEBOOK

MON	TUE	WED	THU	FRI	SAT	SUN

DATE: _____ TIME: _____ LOCATION: _____

TITLE: _____

CAST

CHARACTERS

SCENE

SCRIPT WRITING NOTEBOOK

| MON | TUE | WED | THU | FRI | SAT | SUN |

DATE: _____ TIME: _____ LOCATION: _____

TITLE: _____

CAST

CHARACTERS

SCENE

SCRIPT WRITING NOTEBOOK

| MON | TUE | WED | THU | FRI | SAT | SUN |

DATE: _____ TIME: _____ LOCATION: _____

TITLE: _____

CAST

CHARACTERS

SCENE

SCRIPT WRITING NOTEBOOK

| MON | TUE | WED | THU | FRI | SAT | SUN |

DATE: _____ TIME: _____ LOCATION: _____

TITLE: _____

CAST

CHARACTERS

SCENE

SCRIPT WRITING NOTEBOOK

| MON | TUE | WED | THU | FRI | SAT | SUN |

DATE: _____   TIME: _____   LOCATION: _____

TITLE: _____

CAST

CHARACTERS

SCENE

SCRIPT WRITING NOTEBOOK

| MON | TUE | WED | THU | FRI | SAT | SUN |

DATE: _____ TIME: _____ LOCATION: _____

TITLE: _____

CAST

CHARACTERS

SCENE

SCRIPT WRITING NOTEBOOK

| MON | TUE | WED | THU | FRI | SAT | SUN |

DATE: _____ TIME: _____ LOCATION: _____

TITLE: _____

CAST

CHARACTERS

SCENE

SCRIPT WRITING NOTEBOOK

| MON | TUE | WED | THU | FRI | SAT | SUN |

DATE: _____ TIME: _____ LOCATION: _____

TITLE: _____

CAST

CHARACTERS

SCENE

SCRIPT WRITING NOTEBOOK

MON	TUE	WED	THU	FRI	SAT	SUN

DATE: _____ TIME: _____ LOCATION: _____

TITLE: _____

CAST

CHARACTERS

SCENE

SCRIPT WRITING NOTEBOOK

| MON | TUE | WED | THU | FRI | SAT | SUN |

DATE: _____ TIME: _____ LOCATION: _____

TITLE: _____

CAST

CHARACTERS

SCENE

SCRIPT WRITING NOTEBOOK

| MON | TUE | WED | THU | FRI | SAT | SUN |

DATE: _____ TIME: _____ LOCATION: _____

TITLE: _____

CAST

_____
_____
_____
_____
_____
_____
_____

CHARACTERS

_____
_____
_____
_____
_____
_____
_____

SCENE

_____
_____
_____
_____
_____
_____
_____
_____

SCRIPT WRITING NOTEBOOK

| MON | TUE | WED | THU | FRI | SAT | SUN |

DATE: _____ TIME: _____ LOCATION: _____

TITLE: _____

CAST

CHARACTERS

SCENE

SCRIPT WRITING NOTEBOOK

| MON | TUE | WED | THU | FRI | SAT | SUN |

DATE: _____ TIME: _____ LOCATION: _____

TITLE: _____
_____

CAST

CHARACTERS

SCENE

SCRIPT WRITING NOTEBOOK

| MON | TUE | WED | THU | FRI | SAT | SUN |

DATE: _____ TIME: _____ LOCATION: _____

TITLE: _____

CAST

CHARACTERS

SCENE

SCRIPT WRITING NOTEBOOK

| MON | TUE | WED | THU | FRI | SAT | SUN |

DATE: _____ TIME: _____ LOCATION: _____

TITLE: _____

CAST

_____
_____
_____
_____
_____
_____
_____

CHARACTERS

_____
_____
_____
_____
_____
_____
_____

SCENE

_____
_____
_____
_____
_____
_____
_____
_____
_____

SCRIPT WRITING NOTEBOOK

| MON | TUE | WED | THU | FRI | SAT | SUN |

DATE: _____ TIME: _____ LOCATION: _____

TITLE: _____

CAST

_____
_____
_____
_____
_____
_____
_____
_____

CHARACTERS

_____
_____
_____
_____
_____
_____
_____
_____

SCENE

_____
_____
_____
_____
_____
_____
_____
_____
_____

SCRIPT WRITING NOTEBOOK

| MON | TUE | WED | THU | FRI | SAT | SUN |

DATE: _____ TIME: _____ LOCATION: _____

TITLE: _____

CAST

_____
_____
_____
_____
_____
_____
_____
_____

CHARACTERS

_____
_____
_____
_____
_____
_____
_____
_____

SCENE

_____
_____
_____
_____
_____
_____
_____
_____
_____
_____

SCRIPT WRITING NOTEBOOK

MON	TUE	WED	THU	FRI	SAT	SUN

DATE: _____ TIME: _____ LOCATION: _____

TITLE: _____

CAST

CHARACTERS

SCENE

SCRIPT WRITING NOTEBOOK

MON	TUE	WED	THU	FRI	SAT	SUN

DATE: _____   TIME: _____   LOCATION: _____

TITLE: _____

CAST

_____
_____
_____
_____
_____
_____
_____
_____

CHARACTERS

_____
_____
_____
_____
_____
_____
_____
_____

SCENE

_____
_____
_____
_____
_____
_____
_____
_____
_____

SCRIPT WRITING NOTEBOOK

MON	TUE	WED	THU	FRI	SAT	SUN

DATE: _____ TIME: _____ LOCATION: _____

TITLE: _____

CAST

CHARACTERS

SCENE

SCRIPT WRITING NOTEBOOK

| MON | TUE | WED | THU | FRI | SAT | SUN |

DATE: _____ TIME: _____ LOCATION: _____

TITLE: _____

CAST

CHARACTERS

SCENE

SCRIPT WRITING NOTEBOOK

| MON | TUE | WED | THU | FRI | SAT | SUN |

DATE: _____ TIME: _____ LOCATION: _____

TITLE: _____

CAST

_____

_____

_____

_____

_____

_____

_____

CHARACTERS

_____

_____

_____

_____

_____

_____

_____

SCENE

_____

_____

_____

_____

_____

_____

_____

_____

_____

SCRIPT WRITING NOTEBOOK

| MON | TUE | WED | THU | FRI | SAT | SUN |

DATE: _____ TIME: _____ LOCATION: _____

TITLE: _____

CAST

_____
_____
_____
_____
_____
_____
_____

CHARACTERS

_____
_____
_____
_____
_____
_____
_____

SCENE

_____
_____
_____
_____
_____
_____
_____
_____
_____

SCRIPT WRITING NOTEBOOK

| MON | TUE | WED | THU | FRI | SAT | SUN |

DATE: _____ TIME: _____ LOCATION: _____

TITLE: _____

CAST

CHARACTERS

SCENE

SCRIPT WRITING NOTEBOOK

MON	TUE	WED	THU	FRI	SAT	SUN

DATE: _____ TIME: _____ LOCATION: _____

TITLE: _____

CAST

_____
_____
_____
_____
_____
_____
_____
_____

CHARACTERS

_____
_____
_____
_____
_____
_____
_____
_____

SCENE

_____
_____
_____
_____
_____
_____
_____
_____
_____

SCRIPT WRITING NOTEBOOK

| MON | TUE | WED | THU | FRI | SAT | SUN |

DATE: _____ TIME: _____ LOCATION: _____

TITLE: _____

CAST

_____
_____
_____
_____
_____
_____
_____
_____

CHARACTERS

_____
_____
_____
_____
_____
_____
_____
_____

SCENE

_____
_____
_____
_____
_____
_____
_____
_____

SCRIPT WRITING NOTEBOOK

| MON | TUE | WED | THU | FRI | SAT | SUN |

DATE: _____ TIME: _____ LOCATION: _____

TITLE: _____

CAST

_____
_____
_____
_____
_____
_____
_____

CHARACTERS

_____
_____
_____
_____
_____
_____
_____

SCENE

_____
_____
_____
_____
_____
_____
_____
_____
_____

SCRIPT WRITING NOTEBOOK

| MON | TUE | WED | THU | FRI | SAT | SUN |

DATE: _____ TIME: _____ LOCATION: _____

TITLE: _____

CAST

_____
_____
_____
_____
_____
_____
_____

CHARACTERS

_____
_____
_____
_____
_____
_____
_____

SCENE

_____
_____
_____
_____
_____
_____
_____
_____
_____

SCRIPT WRITING NOTEBOOK

| MON | TUE | WED | THU | FRI | SAT | SUN |

DATE: _____ TIME: _____ LOCATION: _____

TITLE: _____
_____

CAST

_____
_____
_____
_____
_____
_____
_____
_____

CHARACTERS

_____
_____
_____
_____
_____
_____
_____
_____

SCENE

_____
_____
_____
_____
_____
_____
_____
_____
_____

SCRIPT WRITING NOTEBOOK

| MON | TUE | WED | THU | FRI | SAT | SUN |

DATE: _____ TIME: _____ LOCATION: _____

TITLE: _____

CAST

_____
_____
_____
_____
_____
_____
_____
_____

CHARACTERS

_____
_____
_____
_____
_____
_____
_____
_____

SCENE

_____
_____
_____
_____
_____
_____
_____
_____

SCRIPT WRITING NOTEBOOK

| MON | TUE | WED | THU | FRI | SAT | SUN |

DATE: _____ TIME: _____ LOCATION: _____

TITLE: _____

CAST

CHARACTERS

SCENE

SCRIPT WRITING NOTEBOOK

MON	TUE	WED	THU	FRI	SAT	SUN

DATE: _____ TIME: _____ LOCATION: _____

TITLE: _____

CAST

CHARACTERS

SCENE

SCRIPT WRITING NOTEBOOK

| MON | TUE | WED | THU | FRI | SAT | SUN |

DATE: _____ TIME: _____ LOCATION: _____

TITLE: _____

CAST

_____

_____

_____

_____

_____

_____

_____

CHARACTERS

_____

_____

_____

_____

_____

_____

_____

SCENE

_____

_____

_____

_____

_____

_____

_____

_____

_____

SCRIPT WRITING NOTEBOOK

| MON | TUE | WED | THU | FRI | SAT | SUN |

DATE: _____ TIME: _____ LOCATION: _____

TITLE: _____

CAST

CHARACTERS

SCENE

SCRIPT WRITING NOTEBOOK

| MON | TUE | WED | THU | FRI | SAT | SUN |

DATE: _____ TIME: _____ LOCATION: _____

TITLE: _____

CAST

_____
_____
_____
_____
_____
_____
_____

CHARACTERS

_____
_____
_____
_____
_____
_____
_____

SCENE

_____
_____
_____
_____
_____
_____
_____
_____
_____

SCRIPT WRITING NOTEBOOK

| MON | TUE | WED | THU | FRI | SAT | SUN |

DATE: _____ TIME: _____ LOCATION: _____

TITLE: _____

CAST

_____
_____
_____
_____
_____
_____
_____
_____
_____

CHARACTERS

_____
_____
_____
_____
_____
_____
_____
_____
_____

SCENE

_____
_____
_____
_____
_____
_____
_____
_____
_____

SCRIPT WRITING NOTEBOOK

| MON | TUE | WED | THU | FRI | SAT | SUN |

DATE: _____ TIME: _____ LOCATION: _____

TITLE: _____

CAST

CHARACTERS

SCENE

SCRIPT WRITING NOTEBOOK

| MON | TUE | WED | THU | FRI | SAT | SUN |

DATE: _____ TIME: _____ LOCATION: _____

TITLE: _____

CAST

_____
_____
_____
_____
_____
_____
_____
_____

CHARACTERS

_____
_____
_____
_____
_____
_____
_____
_____

SCENE

_____
_____
_____
_____
_____
_____
_____
_____
_____
_____

SCRIPT WRITING NOTEBOOK

| MON | TUE | WED | THU | FRI | SAT | SUN |

DATE: _____ TIME: _____ LOCATION: _____

TITLE: _____

CAST

CHARACTERS

SCENE

SCRIPT WRITING NOTEBOOK

| MON | TUE | WED | THU | FRI | SAT | SUN |

DATE: _____ TIME: _____ LOCATION: _____

TITLE: _____

CAST

_____
_____
_____
_____
_____
_____
_____
_____

CHARACTERS

_____
_____
_____
_____
_____
_____
_____
_____

SCENE

_____
_____
_____
_____
_____
_____
_____
_____
_____

SCRIPT WRITING NOTEBOOK

| MON | TUE | WED | THU | FRI | SAT | SUN |

DATE: _____ TIME: _____ LOCATION: _____

TITLE: _____

_____

CAST

CHARACTERS

SCENE

SCRIPT WRITING NOTEBOOK

| MON | TUE | WED | THU | FRI | SAT | SUN |

DATE: _____ TIME: _____ LOCATION: _____

TITLE: _____

CAST

_____
_____
_____
_____
_____
_____
_____

CHARACTERS

_____
_____
_____
_____
_____
_____
_____

SCENE

_____
_____
_____
_____
_____
_____
_____
_____

SCRIPT WRITING NOTEBOOK

| MON | TUE | WED | THU | FRI | SAT | SUN |

DATE: _____ TIME: _____ LOCATION: _____

TITLE: _____

CAST

CHARACTERS

SCENE

SCRIPT WRITING NOTEBOOK

| MON | TUE | WED | THU | FRI | SAT | SUN |

DATE: _____ TIME: _____ LOCATION: _____

TITLE: _____

CAST

_____
_____
_____
_____
_____
_____
_____
_____

CHARACTERS

_____
_____
_____
_____
_____
_____
_____
_____

SCENE

_____
_____
_____
_____
_____
_____
_____
_____

SCRIPT WRITING NOTEBOOK

| MON | TUE | WED | THU | FRI | SAT | SUN |

DATE: _____ TIME: _____ LOCATION: _____

TITLE: _____

CAST

_____
_____
_____
_____
_____
_____
_____

CHARACTERS

_____
_____
_____
_____
_____
_____
_____

SCENE

_____
_____
_____
_____
_____
_____
_____
_____
_____
_____

SCRIPT WRITING NOTEBOOK

| MON | TUE | WED | THU | FRI | SAT | SUN |

DATE: _____ TIME: _____ LOCATION: _____

TITLE: _____

CAST

CHARACTERS

SCENE

SCRIPT WRITING NOTEBOOK

| MON | TUE | WED | THU | FRI | SAT | SUN |

DATE: _____ TIME: _____ LOCATION: _____

TITLE: _____

CAST

CHARACTERS

SCENE

SCRIPT WRITING NOTEBOOK

| MON | TUE | WED | THU | FRI | SAT | SUN |

DATE: _____ TIME: _____ LOCATION: _____

TITLE: _____

CAST

CHARACTERS

SCENE

SCRIPT WRITING NOTEBOOK

| MON | TUE | WED | THU | FRI | SAT | SUN |

DATE: _____ TIME: _____ LOCATION: _____

TITLE: _____

CAST

_____
_____
_____
_____
_____
_____
_____

CHARACTERS

_____
_____
_____
_____
_____
_____
_____

SCENE

_____
_____
_____
_____
_____
_____
_____
_____
_____

SCRIPT WRITING NOTEBOOK

MON	TUE	WED	THU	FRI	SAT	SUN

DATE: _____ TIME: _____ LOCATION: _____

TITLE: _____

CAST

_____
_____
_____
_____
_____
_____
_____

CHARACTERS

_____
_____
_____
_____
_____
_____
_____

SCENE

_____
_____
_____
_____
_____
_____
_____
_____

SCRIPT WRITING NOTEBOOK

| MON | TUE | WED | THU | FRI | SAT | SUN |

DATE: _____ TIME: _____ LOCATION: _____

TITLE: _____

CAST

_____
_____
_____
_____
_____
_____
_____

CHARACTERS

_____
_____
_____
_____
_____
_____
_____

SCENE

_____
_____
_____
_____
_____
_____
_____
_____
_____
_____

SCRIPT WRITING NOTEBOOK

| MON | TUE | WED | THU | FRI | SAT | SUN |

DATE: _____ TIME: _____ LOCATION: _____

TITLE: _____

CAST

CHARACTERS

SCENE

SCRIPT WRITING NOTEBOOK

| MON | TUE | WED | THU | FRI | SAT | SUN |

DATE: _____ TIME: _____ LOCATION: _____

TITLE: _____

CAST

CHARACTERS

SCENE

SCRIPT WRITING NOTEBOOK

| MON | TUE | WED | THU | FRI | SAT | SUN |

DATE: _____ TIME: _____ LOCATION: _____

TITLE: _____

CAST

CHARACTERS

SCENE

SCRIPT WRITING NOTEBOOK

| MON | TUE | WED | THU | FRI | SAT | SUN |

DATE: _____ TIME: _____ LOCATION: _____

TITLE: _____

CAST

_____
_____
_____
_____
_____
_____
_____

CHARACTERS

_____
_____
_____
_____
_____
_____
_____

SCENE

_____
_____
_____
_____
_____
_____
_____
_____
_____

SCRIPT WRITING NOTEBOOK

MON	TUE	WED	THU	FRI	SAT	SUN

DATE: _____ TIME: _____ LOCATION: _____

TITLE: _____

CAST

CHARACTERS

SCENE

SCRIPT WRITING NOTEBOOK

MON	TUE	WED	THU	FRI	SAT	SUN

DATE: _____ TIME: _____ LOCATION: _____

TITLE: _____

CAST

_____
_____
_____
_____
_____
_____
_____

CHARACTERS

_____
_____
_____
_____
_____
_____
_____

SCENE

_____
_____
_____
_____
_____
_____
_____
_____
_____

SCRIPT WRITING NOTEBOOK

| MON | TUE | WED | THU | FRI | SAT | SUN |

DATE: _____ TIME: _____ LOCATION: _____

TITLE: _____

CAST

CHARACTERS

SCENE

SCRIPT WRITING NOTEBOOK

| MON | TUE | WED | THU | FRI | SAT | SUN |

DATE: _____ TIME: _____ LOCATION: _____

TITLE: _____

CAST

_____
_____
_____
_____
_____
_____

CHARACTERS

_____
_____
_____
_____
_____
_____

SCENE

_____
_____
_____
_____
_____
_____
_____
_____

SCRIPT WRITING NOTEBOOK

| MON | TUE | WED | THU | FRI | SAT | SUN |

DATE: _____   TIME: _____   LOCATION: _____

TITLE: _____

CAST

CHARACTERS

SCENE

SCRIPT WRITING NOTEBOOK

| MON | TUE | WED | THU | FRI | SAT | SUN |

DATE: _____ TIME: _____ LOCATION: _____

TITLE: _____
_____

CAST

_____
_____
_____
_____
_____
_____
_____
_____

CHARACTERS

_____
_____
_____
_____
_____
_____
_____
_____

SCENE

_____
_____
_____
_____
_____
_____
_____
_____
_____
_____

SCRIPT WRITING NOTEBOOK

MON	TUE	WED	THU	FRI	SAT	SUN

DATE: _____ TIME: _____ LOCATION: _____

TITLE: _____

CAST

CHARACTERS

SCENE

SCRIPT WRITING NOTEBOOK

| MON | TUE | WED | THU | FRI | SAT | SUN |

DATE: _____ TIME: _____ LOCATION: _____

TITLE: _____

CAST

CHARACTERS

SCENE

SCRIPT WRITING NOTEBOOK

| MON | TUE | WED | THU | FRI | SAT | SUN |

DATE: _____ TIME: _____ LOCATION: _____

TITLE: _____

CAST

_____
_____
_____
_____
_____
_____
_____
_____

CHARACTERS

_____
_____
_____
_____
_____
_____
_____
_____

SCENE

_____
_____
_____
_____
_____
_____
_____
_____
_____
_____

SCRIPT WRITING NOTEBOOK

| MON | TUE | WED | THU | FRI | SAT | SUN |

DATE: _____ TIME: _____ LOCATION: _____

TITLE: _____

CAST

CHARACTERS

SCENE

SCRIPT WRITING NOTEBOOK

MON	TUE	WED	THU	FRI	SAT	SUN

DATE: _____ TIME: _____ LOCATION: _____

TITLE: _____

CAST

CHARACTERS

SCENE

SCRIPT WRITING NOTEBOOK

| MON | TUE | WED | THU | FRI | SAT | SUN |

DATE: _____ TIME: _____ LOCATION: _____

TITLE: _____

CAST

CHARACTERS

SCENE

SCRIPT WRITING NOTEBOOK

MON	TUE	WED	THU	FRI	SAT	SUN

DATE: _____ TIME: _____ LOCATION: _____

TITLE: _____

CAST

CHARACTERS

SCENE

SCRIPT WRITING NOTEBOOK

MON	TUE	WED	THU	FRI	SAT	SUN

DATE: _____ TIME: _____ LOCATION: _____

TITLE: _____
_____

CAST

_____
_____
_____
_____
_____
_____
_____
_____

CHARACTERS

_____
_____
_____
_____
_____
_____
_____
_____

SCENE

_____
_____
_____
_____
_____
_____
_____
_____
_____

SCRIPT WRITING NOTEBOOK

| MON | TUE | WED | THU | FRI | SAT | SUN |

DATE: _____ TIME: _____ LOCATION: _____

TITLE: _____

CAST

CHARACTERS

SCENE

SCRIPT WRITING NOTEBOOK

| MON | TUE | WED | THU | FRI | SAT | SUN |

DATE: _____ TIME: _____ LOCATION: _____

TITLE: _____

CAST

_____
_____
_____
_____
_____
_____
_____

CHARACTERS

_____
_____
_____
_____
_____
_____
_____

SCENE

_____
_____
_____
_____
_____
_____
_____
_____

SCRIPT WRITING NOTEBOOK

| MON | TUE | WED | THU | FRI | SAT | SUN |

DATE: _____ TIME: _____ LOCATION: _____

TITLE: _____

CAST

_____
_____
_____
_____
_____
_____
_____
_____

CHARACTERS

_____
_____
_____
_____
_____
_____
_____
_____

SCENE

_____
_____
_____
_____
_____
_____
_____
_____
_____

SCRIPT WRITING NOTEBOOK

| MON | TUE | WED | THU | FRI | SAT | SUN |

DATE: _____ TIME: _____ LOCATION: _____

TITLE: _____

CAST

CHARACTERS

SCENE

SCRIPT WRITING NOTEBOOK

| MON | TUE | WED | THU | FRI | SAT | SUN |

DATE: _____ TIME: _____ LOCATION: _____

TITLE: _____

CAST

CHARACTERS

SCENE

SCRIPT WRITING NOTEBOOK

| MON | TUE | WED | THU | FRI | SAT | SUN |

DATE: _____ TIME: _____ LOCATION: _____

TITLE: _____

CAST

_____
_____
_____
_____
_____
_____
_____

CHARACTERS

_____
_____
_____
_____
_____
_____
_____

SCENE

_____
_____
_____
_____
_____
_____
_____
_____

SCRIPT WRITING NOTEBOOK

| MON | TUE | WED | THU | FRI | SAT | SUN |

DATE: _____   TIME: _____   LOCATION: _____

TITLE: _____

CAST

CHARACTERS

SCENE

SCRIPT WRITING NOTEBOOK

| MON | TUE | WED | THU | FRI | SAT | SUN |

DATE: _____ TIME: _____ LOCATION: _____

TITLE: _____

CAST

_____
_____
_____
_____
_____
_____
_____
_____

CHARACTERS

_____
_____
_____
_____
_____
_____
_____
_____

SCENE

_____
_____
_____
_____
_____
_____
_____
_____
_____

Printed in Great Britain
by Amazon